MINISTÉRIO DO TURISMO E ÁGUAS DE MANAUS APRESENTAM:

BIOGRAFIAS COLABORATIVAS

2ª EDIÇÃO

COORDENAÇÃO EDITORIAL MAITÊ FREITAS
PRODUÇÃO EXECUTIVA JULIANA OSMONDES
CAPA E PROJETO GRÁFICO TUNDRA STUDIES - KARINA ABICALIL E CLAUDIO PORTUGAL
DIAGRAMAÇÃO CAROLINA MENEZES
REVISÃO JANAINA RAMOS E RAFAELLA PAIM

Catalogação na publicação
Elaborada por Bibliotecária Janaina Ramos – CRB-8/9166

L732

Lima, Aidil Araújo

Chay: entre rios, voos e ventanias / Aidil Araújo Lima, Vanessa Cancian – 2. ed. – Rio de Janeiro: Sagre Consultoria, 2021.

(Biografias Colaborativas)

72 p.; 14 X 21 cm

ISBN 978-85-93615-08-5

1. Biografias de mulheres. I. Lima, Aidil Araújo. II. Cancian, Vanessa. III. Título

CDD 920.72

Índice para catálogo sistemático
I. Biografias de mulheres

CH AY

ENTRE RIOS, VOOS E VENTANIAS

ESCRITO POR
AIDIL LIMA E VANESSA CANCIAN

PARTE DO PROJETO

BIOGRAFIAS COLABORATIVAS
2ª EDIÇÃO

Oralituras

Este livro é dedicado a todas as mulheres
que moram em periferias, empreendem, sonham,
sofrem, superam, conquistam, aprendem, resistem,
acreditam, recomeçam, lutam e inspiram.

Às Chays, Maíses, Michelles, Rutes e Vandas,
o nosso muito obrigado.

O PROJETO

BIOGRAFIAS COLABORATIVAS MANAUS

Cinco manauaras. Batalhadoras, empreendedoras, periféricas, incríveis. A vida delas daria um livro. E foi isso que a gente fez. A 2ª edição do projeto Biografias Colaborativas traz o brilho e a personalidade de mulheres inspiradoras.

Chay, Maíse, Michelle, Rute e Vanda agora têm suas histórias transformadas em livros – livros que terão o último capítulo em branco. E é você que vai ajudar a preencher estas páginas. É que toda a receita das vendas será direcionada ao negócio de cada empreendedora. Assim, elas poderão investir em seus sonhos e escrever mais que um final feliz, um recomeço feliz.

O que queremos com isso? Queremos que outras mulheres vejam, se inspirem e corram atrás dos seus sonhos. Que acreditem que é possível empreender e ter uma história de sucesso na periferia. Essas cinco manauaras acreditaram e chegaram até aqui. E vão chegar muito mais longe.

PREFÁCIO

MULHERES MÚLTIPLAS E TRANSFORMADORAS

Escrever o prefácio de um livro sobre mulheres empreendedoras é quase tão intenso quanto falar da Amazônia. Acho que por ser brasileira, "caboquinha" e empreendedora trago a responsabilidade de chamar a atenção para essas histórias que serão reveladas por meio do projeto "Biografias Colaborativas". Cada biografia é única, tem a própria verdade e caminhos distintos, mas traz algo em comum: o acreditar que se pode realizar, seja por necessidade ou oportunidade.

Nos últimos meses, tive a oportunidade de conhecer um pouco mais sobre o negócio e a vida dessas brasileiras, que lutam, como tantas, para realizar seus sonhos. Tive momentos de inspiração e de transpiração, ao elaborarmos os planos de ação dos negócios que elas escolheram para colocar no mercado. Vou mencionar pelo menos uma característica de cada uma dessas cinco mulheres, que pode inspirar a tantas outras que querem ter o próprio negócio.

Começo pela Chay Santos, que traz a inquietude na sua fala e não mede esforços para usar a criatividade como um instrumento. Desde cedo, sabia que precisava romper barreiras e trouxe a autoconfiança como uma característica essencial para seguir como produtora de conteúdo no marketing digital.

Quando penso em Maíse Ribeiro, penso em alguém que tem a força do feminino e a transformação da mulher por meio da dança. Ela faz com que cada mulher revele a "deusa" que existe dentro de si e a força do empoderamento feminino. É encantador conhecer todos os elementos que a Dança do Ventre carrega e os benefícios que proporciona para a saúde física e mental.

A talentosa Michelle Leite é alguém que tem na alma o sonho de ser uma chef de cozinha reconhecida por uma culinária afetiva, baseada em memórias. Desde a infância, o gosto pela cozinha faz parte da vida da Michelle, e empreender tem trazido aprendizados e um mundo de novas oportunidades.

Uma história com grandes ondas pode ser revelada na vida de Rute Lima. Uma carioca que ousou recomeçar em um novo território, sem nenhum apoio financeiro ou emocional. Rute traz uma verdade tão profunda que pode deixar qualquer um estarrecido nos primeiros segundos de conversa. Sua narrativa e poder de argumentação demonstram um conhecimento profundo sobre o Direito e sobre a coragem para sobreviver, pois a vida exigiu muito.

Já Vanda Ortega carrega a história dos povos originários construída por resistência e luta, por meio de um negócio com foco na moda. As peças produzidas com os grafismos, pintadas à mão, transmitem originalidade e possibilitam uma conexão com a sociedade. Um trabalho que permite o fortalecimento de mulheres. Vanda tem uma verdade mágica e, ao mesmo tempo, encanta com a sua força e com a história de seus ancestrais.

Essas cinco histórias evocam coragem e podem impulsionar muitas mulheres na busca de construir o novo e de ter as suas vidas transformadas. Torço para que esse projeto possa continuar se perpetuando e que revele novas biografias com as nossas raízes brasileiras e a nossa etnodiversidade.

ROZANA TRILHA
PRESIDENTE DA ASSOCIAÇÃO ZAGAIA AMAZÔNIA

INTRODUÇÃO

Prestamos um serviço essencial para Manaus. Todos os dias, nosso trabalho faz a diferença na vida de mais de 2,2 milhões de pessoas que moram aqui. Um dos propósitos da Águas de Manaus é ir além da simples prestação de serviço. Nosso objetivo é construir boas relações com a cidade, ouvindo e conhecendo quem são as pessoas que fazem uma metrópole do tamanho de Manaus funcionar.

Ao buscar visibilidade para histórias inspiradoras na maior cidade do Norte do Brasil, o projeto "Biografias Colaborativas" encontrou uma conexão com os valores que a companhia aplica em seu dia a dia. As cinco empreendedoras selecionadas mostram que Manaus é uma cidade que está sempre de braços abertos, acolhendo a todos de maneira calorosa. Ao mesmo tempo em que busca crescimento constante, o manauara é um povo que nos ensina grandes lições diariamente.

Desde que o projeto nos foi apresentado, sabíamos que o "Biografias Colaborativas" tinha a cara da Águas de Manaus. Ao transformar as histórias de mulheres como Vanda, Rute, Chay, Michelle e Maíse, queremos nos tornar multiplicadores de oportunidades. Nosso intuito é que os livros despertem emoções e sejam fontes de inspiração para o sucesso do maior número possível de pessoas.

Agradeço à sensibilidade e ao envolvimento de nossas cinco biografadas com o projeto. Manaus merece conhecer essas histórias. Também agradeço ao Ministério do Turismo, NBS SoMa, Sagre Consultoria e Secretaria Especial da Cultura pela parceria. Boa leitura!

THIAGO AUGUSTO TERADA

DIRETOR-PRESIDENTE DA ÁGUAS DE MANAUS

SUMÁRIO

ESCRITO POR
AIDIL LIMA E VANESSA CANCIAN

CHAY

ENTRE RIOS, VOOS E VENTANIAS

CAPÍTULO

01

QUEBRANDO BABAÇU

"Contrariando
a vida esmagada
de todas
as mulheres que
nascem nesse
lugar, sem escola
e sem direito
de sonhar."

MUDANÇA

Charlanys dos Santos Silva, conhecida como **Chay Santos**, nasceu no dia 8 de junho de 1989, em uma comunidade pobre, atravessada por babaçuais, na cidade de Imperatriz, no estado do Maranhão. Ela é publicitária e criadora de conteúdo, radicada em Manaus. Higson Cardoso é seu companheiro desde 2013, pai das filhas Laura e Olívia, é também pessoa extremamente importante na sua vida.

Filha de Valdívia dos Santos, mulher audaciosa que saiu do lugar de permanente opressão e miséria, indo para outra cidade com intenção de oferecer à filha e filhos o acesso à educação, numa luta árdua contra paradigmas sociais enraizados.

Contrariando a vida esmagada de todas as mulheres que nascem nesse lugar, sem escola e sem direito de sonhar. Como se viessem ao mundo destinadas a quebrar coco babaçu, calejando a vida, as mãos, na sombra da miséria, do cansaço, de alegrias, escondendo desejos de serem outras.

Quando Chay completa dois meses de idade, ela, a mãe, a avó e o irmão mais velho, mudam para Santarém, no estado do Pará. Seguem numa aventura, ato insurgente, desatando os nós da opressão histórica em busca de construir uma outra vida nesse lugar.

Mãe e avó largam o pensamento das mulheres que continuam com a existência castrada, condenadas por uma força maior, e por uma estrutura que produz a opressão de raça, de gênero, de etnia. Costuradas por disparidades socioeconômicas, que as oprimem. Cauterizando a não-verdade da vida fácil, com minguado pagamento que mal dá para o sustento. Sem sonhos, sem diversão, sem nada que lhes dê alegria. Era daquela realidade que elas decidiram mudar, sair, transformar.

INFÂNCIA

Chay foi uma menina que teve uma infância pobre, viveu em casa de madeira que a mãe arrumava com dignidade e vontade de oferecer vida decente para ela e os irmãos: Marcello, Charlys e Marcos, com quem dividiu histórias de luta nas caminhadas da vida.

O cuidado que sua mãe tinha pelo local em que moravam era feito de capricho, carinho e zelo. Nessa morada de dois quartos, sala, cozinha, giral, chão vermelho brilhoso e um quintal rodeado de árvores, ela e os irmãos cresceram junto com os mamoeiros, laranjeira, pé de maracujá e outras frutas que faziam o local da brincadeira das crianças.

A mãe lutava contra a sina estabelecida, se desdobrava nesse desejo de subverter as dificuldades, tecendo outra realidade com as mãos em busca de trazer para os seus filhos a possibilidade de um outro crescimento. Valdívia encontrava jeitos de deixar suas crias sempre muito arrumadas, ela mesma fazia as roupas que vestiam as crianças para as ocasiões especiais.

Enquanto trabalhava para o sustento da família, deixava a filha e filhos na creche em frente à casa onde morava. Com o passar do tempo, a mãe foi promovida no trabalho; com o aumento do salário construiu outra casa, dessa vez de alvenaria, mais bonita, buscando não se esbarrar nos motivos de desiludir a vontade de enxergar a beleza da existência.

Chay foi uma criança inquieta. Inventava coisas que deixavam a mãe exasperada. Desde menina sua mente fervilhava de invenções, inquietando vontades de criar brincadeiras do nada. Impacientando a mãe com as traquinices sorrateiras.

Ela se lembra até hoje das brincadeiras no quintal com muitas árvores, seus galhos que subia com destreza, forjando as tramas da vida. Não tinha brinquedos caros, mas as datas comemorativas sempre foram lembradas por sua mãe, que na sua simplicidade de fazer o possível, deixava registrado e ritualizado em mimos que cabiam para a realidade delas.

BRINCANDO DE SER PROFESSORA

Chay um dia resolve ensinar as crianças da rua em que mora, uma rua de barro em Aeroporto Velho, a ler e a escrever. Ela, ainda pequena, pôde ajudar as mães do lugar em que vivia. Só quem sente na pele sabe como é difícil para uma mãe solo, pobre, cansada, ensinar essa tarefa. Muitas sequer conhecem o caminho das palavras e desistem por falta de apoio.

Ela tinha facilidade, aprendia nas aulas. Também sofria assistindo colegas sendo humilhados, chamados de burros na escola, motivo de chacota por não saberem ler e escrever. Ainda não entendia ao certo essa desordem para se humilhar a pessoa. E os humilhados sempre eram negros e pobres, pobres e negros.

Improvisou em um barraco de madeira, criou bancos, daí nasceu a escola. Inventou até merenda, pulava cercas para catar frutas, ganhando marcas de arame farpado que tem até hoje no corpo.

Vez ou outra, apareciam na rua umas mulheres ricas, em carros de vidros fechados. A poeira era tanta, que só os que estavam fora sentiam. Esperavam um pouco, até baixar a poeira, e desciam com ar de anjos que descem do céu para salvar a humanidade. As crianças corriam até elas e pediam papel, lápis e livros. Elas anotavam e mandavam pelo motorista.

Ficava animada com o progresso da escola, eles liam o mundo, não só as palavras. Até que um dia, veio um livro falando das desigualdades por conta da concentração de renda na mão de poucos. Chay lembra da alegria desse dia, ao descobrirem que eram pobres por conta de um sistema que criava formas covardes de os manter nessa condição.

– E não tem jeito?

– Como a gente pode enfrentar eles?

– Isso nunca vai acabar?

– Até quando?

Era menina-adolescente, não tinha respostas.

– Vou perguntar à minha avó. Amanhã respondo.

Maria dos Anjos, a avó, a olha com olhos doces, de quem traga a dor e engole a labuta. Sua resposta para Chay vem de outra forma:

– Minha menina, tu nasceste com destino de ajudar as pessoas. Muitos dirão que isso não tem enredo, não ligue, continua em sua missão. Não deseje glórias. De pouquinho em pouquinho, um aqui, outro ali, com boa intenção, o mundo vai mudando. Algumas pessoas são boas, outras são como monstros. Siga seu caminho. A natureza um dia vai assombrar a todos, pobres e ricos, quando cansar de tudo isso.

Chay saiu desse monólogo meio atravessado, transbordando ideias por todo lado e refletindo sobre os aprendizados que o livro trazia. Muita coisa em sua vida e na sua jovem existência passou a fazer sentido e esse foi mais um momento que fez com que ela, ainda menina, olhasse de outra forma para o futuro que iria construir.

Junto com seus alunos, ela resolveu encenar uma peça com o tal livro. Foi muito forte, cada um sentindo na pele, estremecendo, tendo consciência do caminho da miséria sendo traçado por uma força esmagadora, os pobres trabalhando como condenados. Se, depois de comer com cautela, fica sem nada, sobrando o fingir que se vive, tem motivo de alegria.

A escola acabou, eles cresceram com essa marca de não se deixar esmagar como seus pais, na maioria apenas mães, por essa força esmagadora. A escola que Chay criou com seus amigos foi sua primeira forma de lutar contra as opressões do sistema. E seu caminho de luta estava apenas começando. A menina que crescia com a semente da mudança já anunciava ares de liderança e de transformação social.

MULHERES, OS PILARES

Uma grande maioria das mulheres que se tornaram lideranças e referências para suas comunidades tiveram como inspiração outras mulheres com caminhos semelhantes. E no caso de Chay, não foi diferente. Ela cresceu cercada das mulheres de sua família que lutaram um tanto para conquistar sonhos e sobreviver com dignidade.

Maria dos Anjos, a avó de Chay, foi quebradeira de coco babaçu no Maranhão, depois mudou para Santarém, no Pará, passando a lavar roupas de ganho para sustentar a casa em que morava com a filha Valdenira, enquanto esta cursava Universidade.

Residindo na mesma rua que Chay vivia com a mãe e três irmãos, ela continua nessa mesma casa e hoje colhe os frutos plantados. A filha lhe presenteia com viagens e uma vida sem lavar roupas de ganho. Viaja muito, conhece vários países. Pessoa de feição alegre e disposta, mulher de grande sabedoria e muita resistência.

Valdenira, sua tia, é sua referência de resistência e superação dos obstáculos. Ela andou quilômetros para cursar uma Universidade, pois a avó garantiu sustento só de comida. O dinheiro não dava para pagar transporte. Por quatro anos, até a conclusão do curso, andou com chinelo de dedo, até que o mesmo ficasse com solado tão ralinho que o pé já tocasse no chão.

Valdívia, sua mãe, assim como a maioria das mulheres negras deste país, sustentou os filhos sozinha, sem ajuda financeira do pai. Ela, assim como tantas outras mulheres negras, exerceu, dupla, tripla, múltiplas jornadas de trabalho.

Essa mulher que a gerou carrega muitas águas dentro de si, às vezes ela transborda em lágrimas, outras vezes as guarda no ventre, alimentando um novo ser, protegendo por nove meses até que esteja pronto para o desembarque no mundo. O recém-nascido vem tão despreparado, que chora, vertendo lágrimas que tomou emprestadas da mãe até ter as suas, verdadeiras.

Chay lembra até hoje de uma máxima que sua mãe dizia quando se deparava frente a frente com os desafios da vida. Se animava, ganhava fôlego, ao repetir essa frase:

– Um dia de cada vez.

E assim ela seguia sua vida de enfrentamento aos problemas e adversidades. Sempre que passava por esses grandes desafios, logo no dia seguinte sua mãe estava de pé, como folha nova, pronta para encarar ventos, tempestades. Apesar de barcos tão desiguais.

Corre nas veias de Chay o sangue dessas mulheres. Chay é uma versão dessas mulheres que é conhecedora de palavras. É o sonho da mãe realizado. Ela, que cresceu ao redor dessas mulheres, passa a construir uma outra forma de destino.

AEROPORTO VELHO

Lá em Santarém, o lugar de morada da família foi o bairro Aeroporto Velho. É nesse local onde Chay mora dos dois meses aos 18 anos de idade. A mãe enfrentava dificuldades financeiras para dar conta de criar os filhos, enquanto Chay cresce em idade e traquinice.

Chay cresce em meio às turbulências nesse local de nome Aeroporto Velho, onde não pousam aviões. Sua mãe consegue trabalho numa fábrica de costura como faxineira, até que um dia, chorando diante da dificuldade financeira, o chefe oferece uma promoção na função de costureira, aumentando o salário, diminuindo a falta de comida.

Com a mudança para Santarém, a mãe de Chay ampliou sua visão e passou a enxergar coisas que não eram vistas. Podia comparar a realidade com mais detalhe, como se comparasse tecidos, sentindo na pele, qual era mais suave, desamarrando a existência, caminhando pela vida e desviando do peso da ganância.

Entrou em contato com outros mundos, outras realidades. Percebe que algumas famílias usurpam tudo de muitos, são sempre as mesmas, sem piedade alguma deixam a miséria para a maioria. Rapidamente, percebe que o conhecimento aumentaria a visão das coisas do mundo. Único desvio visto para atravessar a fronteira da miséria e conhecer o brilho da vida.

A mãe de Chay começou a ouvir palavras novas em Santarém. Patriarcalismo. Machismo. Palavras que ela nunca tinha ouvido e, muito menos, entendido o que representavam. Às vezes ficava matutando nas ideias:

– Como os homens podem mandar tanto se a maioria das famílias é sustentada por mulheres?

– Será que as mulheres pobres não aparecem? São invisíveis?

– Vai chegar um dia em que as mulheres vão se unir em defesa umas das outras, devem até criar palavra nova para dizer tudo isso e, não haverá mais valentia, não haverá mais homem batendo em mulher. Elas serão fortes o suficiente para buscar ajuda umas com as outras e para ir para outros lugares em busca de transformação e de se defenderem das violências.

– Aí eu quero ver a valentia desses covardes.

– Vão até criar palavras chiques para dizer que a mulher sofre várias violências. Por ser mulher, pela quantidade de dinheiro que tem, por sua cor de pele, pela família que nasce. São tantos eixos. Tantos lugares de violência. Que vão juntar tudo numa palavra bem bonita: interseccionalidade.

A postura da mãe diante da vida, enfrentando tudo com dignidade foi exemplo de força e coragem. Além disso, nos anos de sua infância, a presença da sua avó acompanhando os desafios da filha para criar os seus trouxe alguns ensinamentos para a menina:

– Sua mãe carrega enorme peso sem ninguém que a socorra, sustentando seus filhos.

“A postura
da mãe diante
da vida,
enfrentando
tudo com
dignidade foi
exemplo de
força e coragem.”

– Nós saímos de uma zona de conforto, nada confortável, enfrentamos abismos, agarradas na esperança inventada, num sonho de escola e Faculdade para você, seus irmãos e sua tia Valdenira.

– Sua mãe teimou que seus filhos aprenderiam a ler, escrever, teriam uma vida diferente, com oportunidades que ela não teve, busca um lugar possível de sonhar em ser outra/outro senão uma coisa renegada, sem direitos de enxergar novos horizontes.

– A pessoa é igual à semente, precisa dos alimentos necessários para desabrochar. Se faltar o sustento, não se desenvolve ou fica atrofiada. Potência encolhida nesse faz de conta de viver. Capengando a existência sem direito de sonhar.

– Entenda, minha menina, o medo impede a pessoa de acordar cantando.

– É preciso arriscar, senão se perde a vontade de continuar vivendo.

Chay começou a sonhar com os 18 anos de idade; pegar sua tão sonhada liberdade, ir trabalhar em outra cidade longe de toda essa turbulência, estudar, ter o direito de ir e vir. A mente inquietando-se em planos para o futuro. Poderia vender coisas, tinha jeito nisso de inventar, criar, transformar.

Inventava maneiras de ganhar dinheiro, pois precisava comprar suas coisas. A mãe lhe dizia serem futilidade, já que supria as necessidades básicas, roupas que ela mesma costurava e a comida. E foi assim, em busca de realizar pequenas vontades suas que Chay começou a empreender. Vendeu chopinho (espécie de picolé) que ela mesma fazia e vendia para sua vizinhança de Santarém.

Depois que a jovem concluiu o segundo grau da escola, bateu à sua porta uma oportunidade de ir para Manaus por intermédio de uma amiga da sua mãe, cujo filho era dono de um supermercado na capital amazônica e que estava precisando de uma funcionária. Chay se enche de entusiasmo, não pensou duas vezes e teve uma certeza: jamais perderia essa oportunidade.

A IGREJA

Chay ia para a igreja com a tia e o irmão Charlys na infância. Depois, na adolescência, muda de igreja e traça sua própria caminhada.

Foi membro do grupo jovem, do coral e do teatro. Era líder com habilidade inata e nesse percurso desenvolveu com o grupo uma peça de teatro. Toda a comunidade foi convidada para o evento em que apresentaram essa criação. Essa foi uma etapa muito importante na sua vida, da qual ela não se esquece.

Outra coisa que Chay não esquece é o dia em que realizou essa apresentação. A igreja lotada. E, no desenrolar da peça, no momento de entrar em cena, uma das meninas que segurava uma tocha de fogo se distraiu do perigo e encostou sem intenção em seu vestido de cetim que pegou fogo. Foi um "Deus nos acuda". Seu corpo pegando fogo, uma loucura. Quase nua e com algumas queimaduras no corpo que deixaram marcas até hoje, e enquanto o fogo estava no seu corpo, ela gritava:

– Não parem... não parem... continuem... continuem.

RACISMO, CABELO E OUTRAS DORES

O período da vida em Santarém foi passando e a menina que crescia se deparava com a realidade de um país racista. Ao ir para a escola sofre com os cabelos crespos esticados por colegas, aula a aula, seguido de palavras do tipo "nega do cabelo duro", e percebe que a professora finge não perceber, como se nada estivesse acontecendo.

Naquele momento, ela tenta negar e esconder sua cor e suas características para se sentir aceita e também para não ser violentada. Chay é uma criança negra de pele clara. Já adolescente, ela alisa os cabelos, fingindo ser branca, fingindo ser outra.

Sem compreender o que era e o que significava o racismo naquela época, com o passar do tempo, a menina que cresceu e se tornou uma mulher, passou a compreender que aquelas "brincadeiras" proferidas pelos colegas de sala trazem consequências para a vida toda.

Chay tinha seus cabelos cacheados e mais claros, e seu desconforto com o racismo vivenciado no ambiente escolar vinha também da falta de representatividade porque as pessoas que estavam na mídia naquela época, nas novelas, nas revistas, não tinham seu tom de pele e seu cabelo. Não havia identificação. Isso fez com que, aos 13 anos, ela começasse a alisar os cabelos como uma forma de ser aceita.

Ela não compreendia a beleza que havia em seu cabelo por falta de referências, por isso, tentava se encaixar, para que os colegas da escola deixassem de humilhá-la mexendo em seu cabelo e dizendo apelidos, que a envergonhavam.

O passar do tempo fez com que ela entendesse que aquelas palavras tinham um nome e uma razão. Se tratava do racismo que é naturalizado em ambientes como a escola e que, mesmo depois de adulta, os episódios não pararam. A diferença é que a Chay mulher tomou consciência sobre sua posição de mulher negra, empreendedora e liderança. Aos 27 anos, deixou de alisar os cabelos, passou pela transição capilar e assumiu seu cabelo natural, fortalecendo sua autoestima e inspirando mais pessoas ao seu redor.

CAPÍTULO

02

MANAUS

PICADA POR ESCORPIÃO

Em 2010, ela vai para Manaus trabalhar em um supermercado em busca de tentar realizar seu sonho de fazer Universidade, mudar de vida, transformar a realidade e romper ciclos na história da sua família, assim como sua tia fez. Ainda assim, o cotidiano no começo parece mais amargo do que ela esperava. Chega em uma cidade nova sem dinheiro, amigos ou parentes, fica abrigada num quartinho do fundo da casa do patrão e, em sua primeira noite, é picada por um escorpião no quarto onde dormia.

Nessa condição de trabalhadora, ela recebia menos do que um salário mínimo, trabalhando de segunda a segunda apenas com intervalo para o almoço. Não sobra tempo nem dinheiro para cursar a Faculdade de Publicidade, seu sonho. Toda essa condição fez com que ela, durante alguns momentos, tivesse suas forças e ânimos enfraquecidos. Ao mesmo tempo, refletia sobre a grande quantidade de vidas que, assim como ela, estavam em situação de dificuldade. Nesse momento, ela pede um empréstimo com a mulher do patrão para que possa ter dinheiro para comprar um fogão e alugar uma quitinete, tudo com a sabedoria de gerenciar o pouco dinheiro que entra e conseguir caminhar para sua autonomia.

Finalmente, conquista um espaço seu, uma casa sua e por menor que fosse, ganhou o direito à liberdade. Com o salário ela pagava a quitinete e se apertava para dar conta de, com o pouco que sobrava, pagar as outras contas. Para reduzir ainda mais os custos, ela se alimentava bastante na refeição que era servida no emprego. Diariamente, ao chegar em casa, agora antes das 22h, faz um pequeno lanche e estuda para o vestibular, mirando em direção ao seu grande sonho.

– Ela não é fácil. E são muitas vezes. Devemos mirar no longe e continuar.

Segue nesse desabafo solitário entre as suas reflexões de mulher adulta enfrentando as adversidades da vida. Resolve se esforçar no trabalho com esperança de receber uma promoção, um aumento de salário e isso realmente acontece. Depois de alguns meses ela é promovida no supermercado. Chay passa a exercer a função de chefe de almoxarifado com salário de R$1.200 ao mês.

No primeiro momento, Chay ingressa na Faculdade de Administração durante três semestres, para satisfazer a vontade da mãe. Só que não era isso que ela queria para sua vida e então, parte para aquilo que sempre quis: a publicidade.

Estar na Universidade e construindo os passos para concretizar seu grande sonho não é uma jornada fácil em sua vida. Às vezes se sente só, nasce o desejo por outras pessoas, outras realidades, outras alegrias. Chay passou por situações ruins nesse encontro com pessoas de sua idade, lhe faltava malícia e acabava por acreditar em todos. Nunca desconfiava do que diziam, até perceber que estava sendo usada. Também notou de fato como era vista pelas pessoas da cidade, a caboclinha do interior, uma ingênua.

Aprendeu na marra a espreitar a maldade, decifrar as intenções dos outros, a se defender, se afastar daqueles sem sinceridade. Algum tempo depois, sua mãe resolve ir morar em Manaus, fica por um tempo tentando se ajeitar em algum emprego. Não dá certo, resolve voltar. Pede que Chay volte com ela. Ela diz não, decidida a continuar construindo seu caminho, apesar da mãe ficar muito chateada.

Aprendeu rápido os lugares lamacentos que vacilavam os passos, dizendo: não vou por aí. Seguia pisando com mais firmeza, com mais lucidez. Ouve a voz da avó que dizia para esquecer as futilidades da vida e mostrar do que era capaz, porque ali havia um grande dom. A matriarca também relatava lembrar o momento de nascimento dessa menina-estrela:

– Seus olhos corriam pelo barraco, como se fervilhassem ideias de mudar o mundo, inventar uma realidade transbordando humanidade.

UNIVERSIDADE

Em meio aos desafios de se relacionar com as pessoas desse lugar novo, ela deixa um pouco as amizades de lado para realizar com foco aquilo que a tinha trazido para Manaus. Era preciso dar conta do trabalho e da Faculdade, ainda, de quebra, administrar o pouco salário, sempre fazendo malabarismo até o fim do mês.

"Aprendeu na marra a espreitar a maldade, decifrar as intenções dos outros, a se defender, se afastar daqueles sem sinceridade."

Um dia, de forma alheia, escolhe quatro shorts iguais numa loja e numa súbita empolgação acaba por comprá-los. Não imaginava que ao chegar em casa e vestir novamente, perderia toda emoção sentida antes. Mulher é meio estranha. Muda tudo num piscar de desejos. Por isso resolveu vendê-los.

Atravessando as fronteiras do olhar comum, faz uma foto desses quatro shorts postando nas redes sociais. Inventa outro jeito nunca visto, cenário jamais pensado, com as ferramentas aprendidas na Faculdade, desconstrói modelos já tão acostumados. Os shorts são vendidos num piscar de olhos. E percebe seu talento em inventar um novo jeito, compor cenário, exposição do produto; todo o contexto chama a atenção das pessoas.

A repercussão foi muito boa e as pessoas começaram a notar tudo que ela colocava à venda. Animada, resolve comprar outras roupas e vender novamente. Com pouco dinheiro, oferece poucas peças que se multiplicam na sua mente criativa, multiplicando tudo. E aos poucos, seu nome vai sendo reconhecido, produtos sendo vendidos e dinheiro chegando.

Decide criar um empreendimento, uma loja virtual que chamou a atenção na sua localidade. Chay foi entrevistada por um jornal local e convidada pela Universidade Federal do Amazonas (UFAM) para falar sobre seu empreendimento, que havia iniciado com quatro shorts, e o sucesso conseguido.

No ano de 2015, concluiu o curso de publicidade já com nome forte no mercado publicitário. Em 2017, grávida de sete meses da primeira filha, Laura, vence o concurso publicitário, produzindo uma campanha da loja C&A. Nesse desenredo de fazer uma produção inovadora. A mente inquieta fervilha ideias que transbordam assombros encantados.

Em 2021, aparece com mais duas influenciadoras digitais em "Tal mãe, tal filha" e "Um amor de mãe". Em seu depoimento ela diz: "O meu desejo é que sejamos, acima de tudo, amigas. Minha missão é que minhas filhas entendam que elas podem ser o que quiserem ser, com dignidade e respeito. Que eu seja esse espelho, força e confiança para elas."

Chay começa a entender e amar a mãe, muito a partir do nascimento das filhas. Sente gratidão pela avó, pela tia, seus pilares em todas as conquistas ao longo da vida. Reconhece com emoção a importância da mãe e da avó no princípio de tudo:

– Se minha mãe e minha avó não saíssem de Imperatriz, se desviando da rota de pobreza cristalizada, chegando a Santarém, mastigando as necessidades, eu hoje não estaria aqui.

A avó de Chay dizia e continua dizendo, como se enxergasse além do que é visto com o olho do corpo:

– Ela tem a mente inquieta, não consegue paralisar numa coisa, estagnar, igual água parada, água parada apodrece, por isso caminha transbordando novas ideias, novos desafios.

A MANGARATAIA

Em 2015, Chay conclui a Faculdade. Já tem um nome reconhecido como publicitária e sente a alegria da conquista de um grande sonho em sua vida. Ainda assim, segue sabendo que precisa avançar, seguir em frente. Esquece quase tudo que afasta do foco, ser publicitária respeitada, ser gente.

– Na mata, a gente aprende a ser flecha, às vezes damos alguns passos para trás para depois nos lançarmos, certeiras.

Aliada a tudo isso ela possuía muita habilidade para transformar do quase nada, uma coisa simples, numa beleza estonteante. Jovem e recém-formada, transbordando de trabalhos como publicitária, já não tinha mais a loja e é nesse momento que ela aproveita esse embalo para abrir sua própria agência de publicidade.

Sorri o gozo do mais além, vai se rendendo ao barulho da mente inquieta, uma procissão de ideias chega rapidamente. Ela se multiplica, parece que vira mil, vai tomando decisões no calor da emoção tão suada.

Dessa mistura de sensações e emoções da empreendedora com instiga de dar vida aos projetos que fervilham, surge a ideia de uma palavra potente. O nome Mangarataia, que é o gengibre de Manaus, é vendido nos transportes públicos. Os vendedores gritam: "Olha a mangarataia o rã... rã... rã... é o que sua garganta precisa". Ela pegou essa voz ritmada e colocou na agência. A Mangarataia era o nome e a sonoridade que sua empresa precisava.

Iniciando no ramo de agência publicitária, sem experiência alguma na gestão de uma empresa, esqueceu de consultar os mais velhos, que sempre possuem conselhos certeiros e também se esqueceu de consultar outras pessoas de experiência nesse ramo antes de alçar seus primeiros grandes voos.

O começo do empreendimento foi desafiador. Chay tinha acumulado um tanto de dinheiro com seus trabalhos publicitários – que aumentaram o ritmo e foi o que a motivou a abrir um espaço. Ela, logo de cara, se empolgou com o sucesso e resolveu fazer uma grande festa de inauguração e acabou por gastar o capital que tinha nesse evento. Todo começo de história carrega desafios, aprendizados e o desafiador mundo dos negócios trouxe obstáculos ainda desconhecidos. Desde o começo, a empresa de Chay possuía clientes, só que, o que ela não sabia, era que alguns pagavam logo, enquanto outros aguardavam o resultado das campanhas para fechar as contas e fazer os pagamentos.

Diante das adversidades de começar esses passos grandes dentro da área da publicidade, ela balançou, balançou e quase caiu. Ao invés de desistir e entregar os pontos logo no começo, se articulou. Conheceu pessoas dispostas a ajudar, que passaram clientes e dicas para gerir uma agência de publicidade.

Chay dividia as tarefas com mais uma colaboradora que a auxiliava nas demandas e desafios. Depois de dois anos de empresa, outro sonho mirabolante, mas não impossível, aparece no radar da empreendedora: atravessar o oceano e ir conhecer a "Paris Fashion Week", a semana de moda de Paris.

Como faria isso se naquele momento estava sem dinheiro, ainda não sabia, mas a certeza que tinha era de que tentar sempre valeria a pena. E a partir daquele momento passou a buscar formas de concretizar mais esse anseio.

Para quem passou por tantas lutas, conquistando cada espaço à custa de muitas noites perdidas, trabalhando das 7h às 22h, quem gritou pelas ruas de Santarém – olha o dindin (que em Santarém se chama chopinho)... seu primeiro empreendimento. Foi mordida por escorpião na primeira noite em uma cidade estranha, sem parentes e amigos e, dia seguinte tem que levantar-se para pegar no batente.

A avó tem como certo que sua neta herdou da ancestralidade a capacidade de inventar coisas a partir do que encontrasse.

O desejo de conhecer Paris seguiu vivo nela e Chay trabalhou noite e dia criando novas formas de atrair clientes e passou também a trabalhar com o marketing digital. Depois de uma semana que ansiava e vibrava pela realização desse sonho, ela recebe uma ligação estratégica e que não pode ser considerada coincidência. Uma agência de viagens necessita de seus serviços para divulgação em redes sociais e Chay faz um acordo para que o pagamento seja feito em duas passagens de ida e volta a Paris, com tudo pago.

Ainda assim, precisavam de dinheiro também para o restante da viagem, pois a empresa no momento estava sem capital em caixa. Ela e sua parceira reforçaram a divulgação de trabalhos nas redes sociais e choveram contratos para projetos, que agora, mais experiente, ela cobrou antecipadamente. E o pensamento de Chay, olhando para sua própria história:

– Quando a gente passa por muitos desafios na vida, a gente vai, mesmo que calejando, aprendendo a lidar. O desespero, o medo, chegam muitas vezes, até porque somos humanos.

AS DIFICULDADES

Quando uma mulher decide abrir uma empresa, movida pelo desejo de crescer, partindo do princípio de que faz algo que impressiona, encanta, agrada a muitas pessoas. A Mangarataia já nasce com muito prestígio, apesar de ser uma agência nova pequena, já nasceu como uma potência inovadora.

Apesar dessa competência, existem alguns entraves delimitados por paradigmas sociais.

Chay não possui família que empreende nessa área, o que facilitaria bastante na administração da empresa. Fato já descrito antes, ela vem de família pobre, sem nome "importante", se move pela vontade de ser alguém de respeito, fazendo o que sabe fazer com encantamento, dando o máximo de si para vencer barreiras que aprisionam as pessoas no lugar de onde vieram, quebrando velhos padrões.

Ela começou uma loja virtual com apenas uns shorts, empregando estratégias de marketing nunca vistas antes, fervilhando ideias na mente, com coisas simples, que foi sucesso. Uma prova de todo seu talento.

Chay faz aquilo que sabe fazer com maestria. Cria. Inova. Renova. A vida não para, está em constante movimento. Ela segue seu fluxo. Sua forma nova de evocar os sentidos, de colocar produtos à venda através de vídeos, chamaram atenção das pessoas. Tornou-se visível, criando protagonismo no seu fazer publicidade-propaganda, jornais locais fizeram matérias sobre essa novidade, foi tema de tese na Universidade de Manaus.

Acreditou na sua potência, já tinha muitos clientes quando terminou a Faculdade e sozinha criou a Mangarataia, agência de publicidade em Manaus. Tudo certo. Tinha aptidão incomum, estava sempre inovando o fazer, chamando atenção das pessoas, tinha garra, não desistia diante das dificuldades e foram muitas que enfrentou até agora.

A demanda de serviços que surgiram para a empresa era tanta, que ela contratou inicialmente quatro funcionárias. Só que as contas não conseguiam ser pagas e, além dos salários das funcionárias, havia outros custos. E, para piorar o cenário, os boletos foram se acumulando, o que demonstrava que alguma coisa estava errada.

Chay agia muito pela emoção. Talvez por medo de perder cliente, deixava que eles colocassem preço no serviço contratado, que era a divulgação de seus produtos com maestria.

Havia uma discrepância entre o que os clientes ganhavam com o serviço oferecido pela agência e o que pagavam. Também não havia valor estabelecido. Embora ganhassem com as divulgações que eram feitas por sua agência, aproveitavam da sua inocência, pagavam bagatela quando sabiam que valia muito mais.

Agindo pela emoção com os empregados e clientes, ela se encalacrou, literalmente, diante das contas se avolumando. O contexto se modificou e ela passou a ir de ônibus para o trabalho. E, não era só isso, faltava dinheiro para cobrir despesas da agência e, de reboque, nada para suas despesas pessoais. Sequer tinha como colocar combustível no carro. Passou a ir trabalhar, nesse intercâmbio, uma parte a pé, outra parte de ônibus; esse passava longe de sua casa.

Parecia que havia nadado tanto e estivesse a morrer na praia. Estaria nadando contra a maré? Enquanto caminhava nesse vai e vem da vida, pedia a Deus ajuda lá do céu. Agradecia por tudo que tinha conquistado. Calculava a distância percorrida, de uma sossegada miséria, mais um número na estatística da pobreza, a um lugar de visibilidade, com trabalho reconhecido, dona de uma agência de publicidade.

Precisava valorizar seu trabalho, se esquivar dos preços oferecidos por clientes inescrupulosos. Projetar o seu valor e colocar um preço justo. Entender que um empreendimento, para andar, precisa ter lucro, senão fica capengando em dívidas crescentes.

CAPÍTULO

03

VIRADA DE JOGO

REABRINDO PORTAS E PONTES

Daniel Goettenauer e Antônio Jr. foram os primeiros que acreditaram na Mangarataia. Os empresários cederam um espaço dentro da empresa – um coworking chamado Cardume - para que pudesse ser a sede da agência de Chay sem que fosse preciso pagar aluguel. Esse encontro possibilitou que a publicitária trocasse seus serviços de consultoria básica pelo uso da sede. Essa foi a primeira ajuda recebida, e que também pode ser nomeada de pequenos milagres, que chegam pelo esforço e trabalho reconhecido.

Depois de um tempo usando o cardume como sede, Chay recebe uma mensagem pelo Instagram de um homem que não conhecia e que nunca ouvira falar, seu nome era Leonardo Castelo Branco, conhecido como Castelinho, homem bonito e com voz de locutor.

Ela ficou surpresa: "do nada me mandando mensagem? Como assim?" Na mensagem dizia que queria marcar uma reunião para conhecer melhor como funcionava a Mangarataia, pois queria fazer uma proposta.

Chay, naquele momento, sentiu medo de ser enganada, de ter alguém usando sua empresa e o seu trabalho para se promover. Ela pediu conselhos, encarou o medo e foi.

A reunião a surpreendeu: um convite especial para que a Mangarataia ocupasse uma sala dentro da agência Saga Publicidade, uma empresa premiada, mas que não acompanhou a evolução digital e precisava se reinventar. Para isso, queriam o time da Mangarataia para ir em busca de atender os clientes deles com vídeos e produção, além de fazer conteúdos para a Saga. Esse trabalho seria feito em troca de terem um espaço para trabalhar.

Na época, Chay aceitou o desafio e se jogou. Naquele momento, a equipe dela era formada por quatro pessoas e vivenciaram uma experiência incrível. Criaram um ambiente aconchegante, decoraram o espaço e estiveram em um bairro muito bem localizado em Manaus.

Só que, infelizmente, as coisas não aconteceram como ela imaginava. A empreendedora começou a perder contratos, a viver com clientes atrasando pagamento, trocando o almoço para comprar a janta. Chay passou a ter que ir de ônibus porque nem o dinheiro da gasolina estava dando. Foi perdendo os colaboradores e se desesperando com o cenário.

"Desde menina sua mente fervilhava de invenções, inquietando vontades de criar brincadeiras do nada."

Mas ela sempre teve muita fé, e mesmo quando parecia mais fácil desistir, ela ganhava forças para continuar. A Mangarataia sempre foi seu grande sonho e nos momentos de não saber o que fazer, ela, de dentro do ônibus, conversava com Deus pedindo para que algo acontecesse.

E aconteceu. Um belo dia, Chay recebe uma mensagem pelo Instagram da Mangarataia. O contato era de um homem chamado Luís Jr. e dizia: "Que massa esses vídeos que vocês produzem, passa qualquer dia lá na agência". Por coincidência ou não, ela e seu esposo estavam comendo em um restaurante, e esse mesmo Luís e sua esposa estavam na mesa da frente.

Chay tomou coragem, se levantou e foi até ele:

– Você é o Luís da Fermento?

Ele disse:

– Sim!

Depois de apresentados, trocaram contato, marcaram uma reunião e, nessa reunião, a proposta era que a empresa de Chay ocupasse o espaço da Fermento e atendesse alguns clientes na parte criativa, coisa que ela e sua equipe faziam com muito brilho.

Ao lado desse empresário Chay aprendeu muito, além de ter sido ajudada no momento em que mais precisava. Compartilhou experiências e conhecimentos que pôde colocar em prática e sempre teve certeza de que foi Deus que o colocou em seu caminho.

Tornaram-se amigos e ele foi uma encruzilhada em sua vida profissional, pois lhe ensinou diversas dicas de empreendedorismo. A partir disso, a Mangarataia ocupou um espaço em sua empresa, tornando-se um braço criativo da agência, ajudando com clientes. Chay estava pronta para gerir seus negócios.

Chay é grata a essas pessoas pela ajuda em momentos críticos. Na construção de pontes e redes dentro do desafiador mercado publicitário de Manaus, outro nome que fez diferença em sua história é o de Marcella Sampaio. Ela fechou um contrato com a Mangarataia, antecipando o valor do serviço, aliviando a dificuldade do momento. Tornaram-se tão amigas, que ela é madrinha de Olivia, a segunda filha de Chay.

Cada percurso e percalço do caminho que fez com que ela chegasse até onde está hoje é construído sempre junto com as pessoas que formam

“Essa mulher que a gerou carrega muitas águas dentro de si...”

uma grande família de apoio, motivação, inspiração e aconchego. Chay veio de família pobre, sem recurso algum que pudesse socorrê-la em qualquer circunstância. Chegou sem eira nem beira e hoje é um nome forte, uma referência que arrebata outras mulheres do lugar de subalternidade a um lugar de valorização de si mesmas.

CAPÍTULO

04

MATER NIDADE E FAMÍLIA

AMOR E PARCERIAS

Com o passar do tempo ela formou sua própria família em Manaus na companhia de uma pessoa especial que a acompanha em suas jornadas de vida. Seu parceiro e esposo, Higson Cardoso. Casados há oito anos, seu companheiro e também pai das suas duas filhas, é um dos seus suportes para seguir a caminhada de sonhos e desafios. Os dois se encontraram em um festival cultural de músicas e essa parceria foi fundamental para equilibrar a euforia das ideias e vontades de Chay.

A maternidade trouxe para Chay a experiência de viver um amor em profundidade. O sentimento que nutre pelas meninas que ela trouxe ao mundo parece ser algo inexplicável. Ela tem duas filhas: Laura, de quatro anos, e Olívia, que nasceu durante a pandemia em abril de 2021.

O nascimento e chegada da sua segunda filha se deu durante a pandemia em um contexto difícil, uma vez que o estado de Manaus sofreu e ainda sofre com o absurdo de mortes causadas por falta de equipamentos e por uma assistência médica carregada de violência e racismo.

Atendida em hospital público, sofreu vários abusos. Uma verdadeira violência obstétrica. Durante o trabalho de parto foi submetida a quatro exames de toques por quatro médicos diferentes, cada um mais agressivo que o outro. Até que, em um determinado momento, uma médica viu a situação e interveio, realizando ela mesma o exame para que não causasse mais dor para Chay naquele momento difícil.

Mesmo com toda aquela humilhação que havia passado no corpo e na alma, foi submetida a uma cesárea, que teve complicações por conta do tratamento sem assepsia adequada. Após uma semana, ela foi submetida a outra cirurgia para tentar consertar os abusos cometidos e somente depois de 17 dias, ela sai do hospital para resguardar a filha do ambiente pandêmico e começar essa nova jornada de ser mãe de duas crianças.

Chay diz:

– Enfrentei muitas dores, muitos vendavais. Nunca tive medo da morte. Nesses dias me senti impotente, tive medo de morrer, de não criar minhas filhas. Foi terrível.

Todo esse medo, vindo de uma situação que poderia ser evitada se o sistema cuidasse de outra forma da saúde da mulher, foi mais um capítulo dos desafios enfrentados por ela.

“Decide criar um empreendimento, uma loja virtual que chamou a atenção na sua localidade.”

VIDA

Chay não tem medo da vida, só que hoje está sentindo os braços remando contra a maré; há dias procura na mente um local de abrigo para mulheres que sofrem doença de pó, como se vivessem no submundo da vida, andam com estima arrastada no chão. Sua mente fervilha buscando palavras para levantar pessoas caídas.

– Que dificuldade erguer mulher esmagada por um mundo patriarcal, onde o machismo impera sem medo.

– Dificuldade a gente enfrenta. Hei de arranjar maneira de inventar outra existência, reinventar um jeito de limpar essa sujeira que abisma os corpos de mulheres sedentas de respeito, dignidade, de si.

– Elas estão com medo.

Precisa correr, fazer alguma coisa, nem pensa, pega um barco sem remo, no calor da emoção aflita, na ânsia de encontrar urgente um lugar de recomeço. Sai perseguindo a vontade de ajudar, de chegar em outras praias, mares e oceanos. O barco segue guiado pela emoção, remando desejos de levar mulheres para longe da opressão, de repente se dá conta das horas, o tempo passa depressa, quando a necessidade de salvar se apressa, pensa nas mulheres vivendo em agonia de violência, de estupro, de fome e tantas outras, que parecem infinitas como essas ondas que se tornam mais fortes, tentando afundar o barco. Não pensou nessas ondas gigantes, saiu pela emoção. Fica aflita tentando não sucumbir e só agora se dá conta que não pensou na fragilidade desse barco. Olha para o infinito, se entrega à vida quase prestes a ser engolida, quando chega um barco gigante, uma mulher aparece, joga a corda puxando-a para a razão. Ela acorda com a mãe chamando.

– Chay, Olivia está molhada.

CAPÍTULO

05

NÃO SILENCIAMENTO

DENÚNCIA

Chay sofre violência no parto da sua segunda filha. Esse ato absurdo aconteceu no hospital público de Manaus. O momento da gestação e do parto é um período muito sonhado e idealizado por todas as mulheres que esperam para atravessar a jornada de tornar-se mãe. No caso de Chay, o que ela viveu se transformou em um pesadelo na sua vida.

Ela foi humilhada física e moralmente. Sentiu dores, vários médicos fizeram exames de toque de forma agressiva, foi submetida a uma cesárea sem os procedimentos corretos e tudo isso lhe causou uma série de danos em seu corpo. E, naquele mesmo momento em que sofria os maus tratos, havia outras mulheres padecendo das mesmas dores ao seu lado.

A agressão, o descaso e o risco de morte que ela correu no nascimento da sua filha foram denunciados nas redes sociais. Chay usou sua ferramenta de trabalho para expor aquilo que milhares de mulheres negras passam cotidianamente dentro de hospitais. Sua dor mobilizou e inspirou outras mulheres a saírem do silenciamento e, na sequência, aconteceu uma enxurrada de denúncias desse ato que vem acontecendo desde muito tempo.

QUANDO A MULHER É RECONHECIDA EM SEU VALOR

Apesar do patriarcalismo ainda ser presença forte, as mulheres vêm conquistando espaços, visibilidade em diversas áreas, protagonizando nova história de insubmissão a padrões subalternos, puxando outras através de exemplos de mudança, através de extrema coragem e foco num lugar possível.

A sua vida é marcada pela força de mulheres, que mesmo com presenças apagadas, se moveram caladas em busca de uma vida com dignidade. É com esse sentimento de reconhecimento e orgulho pela mãe que reconhece a sua força, ao sair de um lugar no qual ela e o irmão seguiriam sem nenhuma perspectiva de vida, com destino à exploração e pobreza.

Chay diz com alívio de quem foi salva de um redemoinho: "se minha mãe não saísse daquele lugar onde nasci, na comunidade em volta de babaçuais, eu hoje não seria a potência que sou". Certamente sua história de vida seria de lutas mais vorazes, diferente das quais enfrenta hoje.

Não que tenha sido fácil. Lembra de alguns momentos com carinho. A infância, a escola que inventou, as amizades que conquistou em Santarém. Às vezes volta para visitar a família, amigas, amigos; são momentos de alegria nesse retorno.

Ao reconhecer o resultado das brincadeiras na escola inventada, nas existências vibrantes de alegria e respeito por si, Chay sente contentamento de ter contribuído por esses escapes de eternas sombras na vida.

Em Santarém ainda é conhecida por Charlanys, às vezes, ela se confunde quando a chamam por esse nome da infância, já que em Manaus ela é Chay Santos. Mas ri da sonoridade, desse antes e depois que se atravessam, delimitando os vários passos dados até chegar nessa potência visível que é hoje.

Ela sai desse "não-lugar", atravessando fronteiras visíveis, fugindo da posição a ela destinada. E quantas mulheres encontram-se nesse desafio de escapar de um destino amedrontado? Chay enxerga milhares, e numa versão mais elaborada da professora que foi na infância, vai puxando muitas desse desfecho.

A sua existência em si, traça um novo perfil de mulher que sai de um lugar de ausências, arrancando com seu pensar diferente a forma de se ver a mulher na sociedade.

Ela subverte essa estrutura em duas esferas. Gênero, lugar de origem, que também pode ser tratado pelo seu lugar de fala. Aquela criança que atravessou a fome de pés descalços, hoje anda de passos decididos, confiante, acordando outras nesse lugar destampado, como se fosse um vale iluminado pelo sol que acorda o dia, sacudindo a vida com pessoa em imensa alegria.

A sombra é um lugar frio, úmido, cheio de limo, quem anda por ela vive a escorregar na vida, nunca se apruma. Sem ocasião de endireitar o corpo, a alma cambaleia numa desordem de pensamentos calados na angústia de nunca serem ouvidos.

Quem sai desse lugar, dispara para o outro lado sem olhar para trás. Se encontra outras no caminho: grita. Vem.

– Para onde? – dizem alguns.

"Olha a
mangarataia
o rã... rã... rã...
é o que sua
garganta
precisa."

– Existe um lugar de sol. Podemos ver tudo à nossa volta, sentir o calor da dignidade nos encobrindo.

– O que vou fazer para sobreviver?

– Aquilo que sabe fazer de melhor. Você sabe. Você vai empreender.

– Empreender? O que é isso?

– Ter o seu próprio negócio?

– Isso dá certo?

– Muitas já estão nesse espaço de luz e liberdade de viver.

Chay é uma delas. Que acreditou naquilo que sabe fazer muito bem. E surpreende a todos a cada dia, com ideias antes não pensadas. A vida, às vezes, nos surpreende de um jeito que precisamos nos esconder em casa de nem sei o quê.

CALOS E COLHEITAS DA VIDA

Chay cresceu assistindo a mãe calejar a vida nas dificuldades enfrentadas. Viu de perto as necessidades rondando a casa sem dar trégua para um descanso. Sem desabar uma lágrima que fosse, parecia até que havia sepultado o afeto, a ternura, dando força nos pés de continuar insistindo.

Por isso, aprendeu cedo a esconder tudo que mostrasse fraqueza, agarrando-se com força à esperança. Driblando fome, andando num infinito fingir estar repleta, completa, mastigando as incertezas. Mirava o futuro longe dessa concreta amargura.

Foi nesse querer tão calado, na dor de não ser, que Chay enfrentou a solidão do medo sozinha. Engoliu a fome muitas vezes, peito sangrando por dentro sem deixar que uma gota pingasse expondo sua agonia.

Comia fartamente no trabalho, aquela comida enganadora da razão de trabalhar mais de 12 horas por dia. Não havia outra maneira de continuar naquela corda bamba, tentando chegar ao outro lado da vida.

Só existia tão somente o aprender com o bambu, ir calejando, fazendo nós, envergando sem partir, pedindo ao vento que soprasse com menos força, como se ele, o vento, fosse o ser humano soprando, esmagando multidões como rolo compressor.

Ela pulava a cada vento que soprava, não perdia uma chance de avançar. Não tinha a quem pedir ajuda. Conversava com o tempo, senhor dos destinos, quem manda na natureza, no universo, no mundo. Quando chegava alquebrada da labuta do dia, tomava um banho suado e corria as vistas nos livros, até que dormia.

Não gosta de lembrar desse tempo, em que foi preciso pegar uma pá e cavar com suor uma promoção para sobrar tempo para a Faculdade, seu grande sonho naquele momento. Foi mesmo assim, desse jeito, sorria para os clientes, conquistando a diminuição no trabalho que ela ganhou liberdade nas noites, aproveitando para cursar a Faculdade.

Isso tudo já foi dito antes, de forma pormenorizada, se está repetido, é o fato de ser história de muitas mulheres nesse vendaval constante. Vendeu chopinho em Santarém, em casa (trabalhou de babá, limpando casa, vendedora em loja de roupas), inventando maneiras de ganhar dinheiro. Em Manaus, vendeu shorts, usando sua capacidade de inventar, de criar.

Nesse instante a luz do sol aparece, clareando toda sombra que enfrentou até aqui. Desencadeando uma inesperada ruptura com o não-lugar ocupado até o instante. Ela se enche de estima, legitima a sua existência em toda potência, sem vacilar.

Deixando de ser vista somente por meio daquele estereótipo racista como "a caboclinha" vinda do interior em busca de emprego que lhe garantisse sustento para o corpo, ganhando parcos trocados por horas de trabalho. Se olha no espelho e vê uma outra pessoa, uma mulher negra, que sabe sobre sua origem e sua história e que é capaz de criar, inventar conteúdos nunca vistos antes.

Ela sente um alívio na existência, com valorização de si mesma ao ver o quanto que o respeito é capaz de transformar a pessoa. Sai da corda bamba e começa a conduzir aspectos de sua vida de forma animadora. Sua mente deixou de viver somente para o tempo presente, passou a fervilhar nos pensamentos com ideias para o futuro.

Abre o olhar para o mundo à sua volta, vê outras mulheres empreendendo, chegando de lugares tão parecidos com o seu, subvertendo caminhos traçados para elas e se empolga.

Vê Manaus com outras vistas, mulheres estão se organizando num fazer coletivo, arregimentando força e mudando a história tão carregada de

“Seguia pisando com mais firmeza, com mais lucidez.”

preconceitos, partindo amarras. Quando uma mulher se levanta, levanta outras. E quando muitas se levantam, é uma grande mudança.

Empreender é a forma que ela encontrou durante toda a sua história para escrever uma outra narrativa e é essa prática que ela quer ver se consolidar cada vez mais entre as mulheres que buscam ressignificar suas histórias e seus futuros. Chay é uma facilitadora de sonhos quando vive e mostra que urge e grita dentro dela, e de tantas outras, a vontade por transformação.

CAPÍTULO

06

CAMINHOS DO PRESENTE

O ano de 2021 reservou para Chay surpresas boas e outras não tão boas. Olívia, sua segunda filha, é a alegria, a novidade boa, que veio trazer a renovação desses tempos difíceis de transformação. A violência obstétrica que sofreu no processo de trazê-la ao mundo foi uma coisa macabra já contada anteriormente.

E em meio à pandemia que chega, levando vidas afoitas, alarmando tudo, emprego, moradia, revirando o avesso, ela passa por tudo isso, buscando no pensamento um jeito de seguir, prosseguir. Foca no marketing digital, usando as redes sociais, continua a empreender, faz oficinas, se reinventa.

A vida segue ensinando os caminhos. Quando ela tropeça em algumas barreiras, fica com marcas. Por isso, tem marcas que vêm desde a infância, das cercas de arame farpado, o fogo na roupa da apresentação da peça de teatro da igreja. Quando cresce em idade e distância, de onde veio os desafios aumentam.

Higson, seu companheiro, segura sua mão, equilibrando sua intensidade e o momento de avançar. Chay pensa em seguir estudando, com Mestrado, Doutorado e mais e mais.

Reflete que esse não é o momento e que talvez seja melhor esperar as filhas crescerem um pouco mais para que ela possa alçar novos desafios para si mesma.

Chay tem mais de cinco mil e seiscentos seguidores nas redes sociais. Referência forte para as mulheres. Suas mensagens instigam a se levantarem e saírem do lugar de opressão, de prisão a todo e qualquer padrão estabelecido. Ela instiga, denuncia e auxilia para que toda uma geração de mulheres, que acompanham sua jornada, sejam motivadas a transformar, romper, quebrar barreiras.

"Chegou sem eira nem beira e hoje é um nome forte, uma referência que arrebata outras mulheres."

Você ajudou a escrever este novo capítulo da vida da Chay ao comprar este livro.

Quer saber o que aconteceu?

Acompanhe pelo site:
https://biografiascolaborativas.com.br/biografia/chay/capitulo-final